BEI GRIN MACHT SICH IHR WISSEN BEZAHLT

Sabrina Jung

Überblick über den Prozess der Teamentwicklung

GRIN Verlag

Bibliografische Information der Deutschen Nationalbibliothek:

Die Deutsche Bibliothek verzeichnet diese Publikation in der Deutschen National-
bibliografie; detaillierte bibliografische Daten sind im Internet über http://dnb.d-
nb.de/ abrufbar.

Impressum:

Copyright © 2012 GRIN Verlag GmbH
Druck und Bindung: Books on Demand GmbH, Norderstedt Germany
ISBN: 978-3-656-30927-7

Dieses Buch bei GRIN:

http://www.grin.com/de/e-book/203840/ueberblick-ueber-den-prozess-der-team-
entwicklung

GRIN - Your knowledge has value

Der GRIN Verlag publiziert seit 1998 wissenschaftliche Arbeiten von Studenten, Hochschullehrern und anderen Akademikern als eBook und gedrucktes Buch. Die Verlagswebsite www.grin.com ist die ideale Plattform zur Veröffentlichung von Hausarbeiten, Abschlussarbeiten, wissenschaftlichen Aufsätzen, Dissertationen und Fachbüchern.

Fachhochschule für angewandtes Management in Erding

Fachbereich Wirtschaftspsychologie

Sommersemester 2012

Studienfach Teamentwicklung

Studienarbeit

- Teamentwicklung -

vorgelegt von:

Sabrina Jung
3. Semester

Tag der Einreichung:
02.08.2012

Inhaltsverzeichnis

I

Einleitung

1.1. Zielsetzung und Vorgehensweise

Die vorliegende Arbeit beschäftigt sich mit den Aufgaben und Herausforderungen eines Projektleiters im Hinblick auf die Teambildung und Teamentwicklung anhand eines fiktiven Praxisbeispiels. Im ersten Teil der Arbeit werden die Grundlagen des Projekts verdeutlicht. Anschließend wird die Auswahl der Teammitglieder und Teamzusammensetzung erläutert um das Projekt zum Erfolg zu führen. Des Weiteren beschäftigt sich die Studienarbeit mit der Planung und Durchführung des sogenannte „Kick-off-Meetings" um es möglichst zielorientiert zu gestalten. Im letzten Teil wird die Entwicklung des Teams zum Hochleistungsteam erläutert inklusive den einzelnen Teamentwicklungsphasen und welche Rolle dabei der Projektleiter spielt. Auch wird auf mögliche Hindernisse und begünstigende Faktoren eingegangen.

Insgesamt soll die Studienarbeit einen Überblick über den Prozess der Teamentwicklung schaffen um ein Grundverständnis über die jeweils ablaufenden Phasen und Vorgänge zu erlangen. An dieser Stelle sei noch kurz erwähnt, dass aufgrund der leichteren Lesbarkeit nur die Männlichkeitsform verwendet wird. Angesprochen sind beide Geschlechter gleichermaßen.

1.2. Aktualität und Bedeutung

Der Begriff „Team" gehört für uns ganz selbstverständlich zur alltäglichen Sprache und wird in unterschiedlichen Zusammenhängen verwendet. Heutzutage gibt es nicht nur an Hochschulen sondern auch in Unternehmen Seminare zum Teambuilding. Doch was ist das überhaupt? Welche Prozesse laufen innerhalb sogenannten Teams ab? Teamarbeit nimmt heutzutage in Unternehmen einen hohen Stellenwert ein. Ausschlaggebende Faktoren hierfür sind vermutlich unter anderem, dass individuelle Aufgaben und Projekte in Teamarbeit effizienter bewältigt werden können. Aus diesem Grund ist vermutlich auch immer öfter in Stellenanzeigen zu lesen „Teamleiter gesucht" oder das Anforderungsprofil einer zu besetzende Stelle beinhaltet den Punkt „guten Teamfähigkeit". Deshalb stellt man sich die Frage welche Anforderungen an einen Teamleiter gestellt werden sowie welche Aufgaben und Herausforderungen dieser zu bewältigen hat. Ebenfalls werden die einzelnen Teammitglieder in die Analyse mit einbezogen um herauszufinden welchen Beitrag die einzelnen leisten um den Erfolg eines Teams zu sicherzustellen.

2. Grundlagen

2.1. Die Firma

Frau König führt seit dem Gründungsjahr 2001 die PR-Agentur „Ad-Agency" selbstständig und hat sich auf den Bereich der Erstellung von Werbekampagnen im Print- sowie Onlinebereich spezialisiert. Zu ihrem Kundenkreis zählen hauptsächlich nationale Großunternehmen. Aktuell beschäftigt das erfolgreiche Unternehmen 37 Mitarbeiter. Nachdem Frau König bereits zahlreiche nationale Werbepreise gewonnen hat und mitunter für viele große Unternehmen in Deutschland gearbeitet hat möchte sie nun eine neue Herausforderung annehmen.

2.2. Das Projekt

Eine Umweltschutzorganisation will eine neue Imagekampagne starten mit dem Hauptziel mehr Mitglieder und somit mehr Spendengelder zu erhalten. Ebenfalls ist die Steigerung der Bekanntheit auch international beabsichtigt. Ad-Agency hat es unter die letzten drei Agenturen im Auswahlverfahren geschafft und muss nun mit einer konkreten Kampagne überzeugen um den Zuschlag zu erhalten. Frau König verspricht sich bei gelungener Umsetzung nicht nur den Auftrag sondern sieht auch Vorteile für die Agentur im Hinblick auf einen weltweiten Wirkungskreis, internationale Bekanntheit und einem noch besseren Image.

3. Team

Die Begriffe Team, Gruppe, Mannschaft und so weiter werden häufig als Synonyme verwendet obwohl sie jeweils eine andere Bedeutung haben. In einer Gruppe haben die einzelnen Gruppenmitglieder unterschiedliche Interessen und Ziele hingegen bei Teams das gemeinsame Erreichen von Zielen im Vordergrund steht. Das heißt es wird gemeinsam eine Lösung von mehreren verschiedenen Mitgliedern geschaffen ohne dass jeder Beitrag gesondert ausgewiesen oder kenntlich gemacht wird. [1]

3.1. Auswahl Projektleiter

Ein Projekt- beziehungsweise Teamleiter muss eine Reihe von gegensätzlichen Anforderungen entsprechen. Er übernimmt nicht nur die Führungsfunktion sondern muss sein Team auch motivieren und fördern. Außerdem wird ihm die operative Gesamtleitung des

---

[1] Birker Gabriele / Birker Klaus (2007). Teamentwicklung und Konfliktmanagement. Seite 8ff.

Projekts übertragen, das heißt er ist für die Erreichung des Projektziels sowie für die Einhaltung der terminlichen und wirtschaftlichen Rahmenbedingungen verantwortlich. Da die Leitung eines Projektes eine anspruchsvolle Führungs- und Managementaufgabe ist muss der Projektleiter diverse Anforderungskriterien sowie soziale, methodische, fachliche und personelle Kompetenzen erfüllen. [2]

3.2. Auswahl Projektteammitglieder

Ohne die einzelnen Mitglieder in einem Projektteam kann ein Projekt nicht realisiert werden. Deshalb ist es umso wichtiger qualifizierte und motivierte Mitarbeiter einzubeziehen um die gesetzten Ziele verwirklichen zu können. Aus diesem Grund ist es wichtig die richtigen Leute zur richtigen Zeit am richtigen Platz zu haben. [3] Die Stärke von Teams besteht darin, dass sich Personen mit unterschiedlichen Qualitäten ergänzen. Das heißt die Teammitglieder müssen hinsichtlich ihrer Fähigkeiten und Rolle im Team ausgewählt werden. Menschen nehmen in Gruppen verschiedene Rollen ein und jeder besitzt Fähigkeiten die den Erfolg eines Teams fördern aber auch negative Eigenschaften, die ein Hindernis zur Zielerreichung darstellen. Demzufolge sollte die Zusammensetzung eines Teams ausgewogen sein um viele verschiedene Stärken zu versammeln und unterschiedliche Typen zu kombinieren. Wenn ein Team in der Lage ist verschiedene Herausforderungen zu meistern spricht man von einer geschickten Teamzusammensetzung. [4] Voraussetzung für die Zusammensetzung eines Teams ist, dass man die Anforderungen in einem Team kennt, wie auch die Aufgabe die man bewältigen muss damit man mit den zu Auswahl stehenden Kompetenzen in der Lage ist, die Anforderungen sowie Aufgaben zu erfüllen. Die Personen müssen von mehreren Seiten beleuchtet werden das heißt von der fachlichen, methodischen und sozialen Seite. Die Ermittlung dieser Anforderungen an Teammitglieder kann durch Arbeitsanalysen ermittelt werden. Dies kann durch Befragungen und Beobachtungen von potenziellen Teammitgliedern durchgeführt werden. [5] Auch die Größe des Teams spielt eine wichtige Rolle. Ein Team sollte groß genug sein um möglichst viele Kompetenzen abzudecken, Erfahrungen, Wissen und Fertigkeiten sowie Fähigkeiten zu repräsentieren. Die Teamgröße sollte dennoch ermöglichen Informationen über einen kurzen Weg auszutauschen und somit Konflikte vermeiden. [6]

---

2 Hansel Jürgen / Lomnitz Gero (2003). Projektleiterpraxis. Seite 152ff.

3 Bohinc Thomas (2011). Grundlagen des Projektmanagements – Methoden, Techniken und Tools für Projektleiter. Seite 111.

4 Rainer Niermeyer (2012). Teams führen. Seite 50ff.

5 Rainer Niermeyer (2012). Teams führen. Seite 50ff.

6 http://leistungsteam.de/voraussetzung%20teamarbeit.htm

3.3. Anwendung auf das Projekt

Der Erfolg eines Projekts hängt maßgeblich von der Zusammensetzung des Projektteams ab. Folgend wird nun kurz das „perfekte" Team für das Projekt der Imagekampagne vorgestellt. Um allen Anforderungen gerecht zu werden besteht das Team aus 5 Mitgliedern inklusive Projektleiter. Die Rolle der Projektleiters werde ich übernehmen. Aufgrund meiner jahrelangen Erfahrung im Bereich des Marketings und durch meine Initiative im Bereich des Tier- und Umweltschutzes bringe ich die idealen Voraussetzungen mit um sowohl den Ansprüchen meines Unternehmens sowie den der Umweltschutzorganisation gerecht zu werden. Ich kann mein Team jederzeit motivieren und unterstützen. Außerdem fungiere ich als Orientierungshilfe, Wegweiser und verbessere die Zusammenarbeit innerhalb des Teams. Des Weiteren benötigt das Team zwei Grafiker die unter anderem den kreativen Beitrag zur Gestaltung der Flyer und Werbeplakate liefern sowie dazu beitragen dass Arbeitsabläufe strukturiert ablaufen. Somit übernehmen sie die Rollen des Organisators und Künstlers. Ebenfalls wird für die neue Homepage der Umweltschutzorganisation ein Programmierer benötigt. Dieser übernimmt durch seine Eigenschaften wie Gewissenhaftigkeit und Ernsthaftigkeit die Rolle des Prüfers. Denn er besteht kontinuierlich auf sichtbare Ergebnisse und da die Gestaltung der Homepage von den Leistungen der anderen abhängig ist sorgt er dafür, dass die Ziele eingehalten werden. Eine Auszubildende der PR-Agentur fungiert in der Rolle des Helfers indem sie sich aktiv in die Teamarbeit einbringt und auch selbstständig den anderen Mitglieder Aufgaben abnimmt. Des Weiteren wird durch eine Marketingmitarbeiterin die Rolle des Beraters eingenommen. Durch ihre langjährige Erfahrung im Bereich von Print und Onlinekampagnen kann sie ihr Fachwissen einbringen uns steht bei Problemen beratend zur Seite. Außerdem liefert sie neue Impulse hinsichtlich der Gestaltung da sie bereit eine ähnliche Werbekampagne erfolgreich abgeschlossen hat. [7]

4. Kick-off-Meeting

4.1. Planung und Durchführung

Ob ein Projekt erfolgreich ist oder nicht wird unter anderen durch die Einstellung der Projektbeteiligten beeinflusst. Deshalb wird am Anfang eines Projekts ein sogenanntes Kick-off Meeting durchgeführt damit alle Teammitglieder über die Ziele des Projekts und dessen Rahmenbedingungen informiert werden. Der erfolgreiche offizielle Start des Projekts ist das Hauptziel des Kick-off Meetings. Ein weiterer wichtiger Grund für ein Kick-off Meeting ist

---

7 http://www.4managers.de/management/themen/teamrollen/

es einen einheitlichen Informationsstand innerhalb des Projektteams zu generieren. Die Teilnehmer setzen sich aus den Projektmitarbeitern wie Projektleiter, Kernteam und Auftraggeber zusammen oder noch weitere Personen die ebenfalls vom Projekt direkt betroffen sind wie die Unternehmensleitung. Der Projektleiter ist der Leiter der Veranstaltung und hat somit den größten Anteil am Inhalt des Meetings und die meiste Verantwortung. Es ist wichtig das Kick-off Meeting organisatorisch und inhaltlich gut zu planen. Die wichtigsten Informationen, Gedanken und Ideen sollten schriftlich festgehalten werden. Es können dafür entweder Folien, Flipcharts oder Plakate verwendet werden. Wichtig ist bei der Vorbereitung zu achten, dass ausreichend Material zur Verfügung steht. Um den Vortrag visuell zu untermauern sollte eine Folienpräsentation mit den wichtigsten Inhalten vorbereitet werden. Diese kann anschließend jedem Beteiligtem via Intranet zur Verfügung gestellt werden. Die Dauer des Kick-off Meetings ist abhängig von der Gruppengröße und kann zwischen zwei Stunden und einem Tag liegen. Es sollte besonders darauf geachtet werden ausreichend Zeit für mögliche Diskussionen einzuplanen damit eine gemeinsame Basis geschaffen werden kann. Dabei sollte die chronologische zeitliche und inhaltliche Ablaufplanung eingehalten werden damit die einzelnen Punkte nachvollziehbar und logisch bleiben. Das Kick-off Meeting kann in mehreren Schritten durchgeführt werden. Als erster Punkt steht die Begrüßung der Teilnehmer durch den Projektleiter an, im besten Fall auch im Namen des Auftraggebers. Anschließend stellt sich der Projektleiter selbst als erstes vor. Nennenswert sind neben dem fachlichen und beruflichen Hintergrund auch der Werdegang sowie persönliche Anliegen und Wünsche an das Meeting. Um die Atmosphäre aufzulockern und angenehmer zu gestalten sollten auch ein paar Wörter aus dem privaten Bereich eingeschlossen werden. Das weckt Sympathie und Persönlichkeit. Wichtig sind auch die anderen Teammitglieder zu aktivieren sich fachlich sowie persönlich vorzustellen. Die meisten der Teammitglieder haben vermutlich schon einmal in einem Projekt oder Team gearbeitet. Solche Erfahrungen sollten aufgegriffen werden. Zum einen sind diese fachlich interessant, regen aber auch zur Kommunikation untereinander an. Unter Umständen können der Projektleiter oder andere Projektteammitglieder von bereits vorhandenem Wissen profitieren. Anschließend sollte sich die Konzentration auf die Präsentation des Projekts richten. Nennenswerte Punkte sind unter anderem der Grund für das Projekt ist um die Wichtigkeit zu verdeutlichen und einen Ansporn zu schaffen. Der Gewinn und Nutzen eines erfolgreichen Projekts für das Unternehmen. In welchem Umfang das Projekt durchgeführt werden soll und welche Ziele mit dem Auftraggeber vereinbart wurden. [8]

---

8 Kellner Hedwig (2003). Projektmeetings – professionell und effizient. Seite 99 ff.

4.3. Anwendung auf das Projekt

Nachdem die Mitglieder des Projektteams ausgewählt wurden, werden diese zu einem ersten Kick-off Meeting eingeladen. Das Meeting sollte an einem Vormittag stattfinden damit auch eventuelle Teilzeitkräfte teilnehmen können und man noch nicht durch den Arbeitsalltag beeinflusst ist. Der Projektleiter sollte bereits ungefähr eine Stunde vorher den Raum vorbereiten. Sprich er hat dafür zu sorgen, dass alle benötigten Materialien vorhanden sind. Auch muss er sich zeitlich darauf einstellen, dass nicht alle Teilnehmer exakt um die gleiche Zeit erscheinen. Deshalb muss im Ablaufplan ein kleiner zeitlicher Puffer beachtet werden. Eingeladen werden alle am Projekt beteiligten Personen wie Projektleiter, Auftraggeber, Kernteam. Die wesentlichen Punkte des Kick-off Meetings werden als Folienpräsentation erstellt und später alle beteiligten Projektmitglieder via Intranet zur Verfügung gestellt.

5. Entwicklung zum Hochleistungsteam

5.1. Teamentwicklungsphasen

Jeder Mensch und jedes Team sind einzigartig, trotzdem lassen sich im Entwicklungsprozess von Teams typischen Ablaufphasen erkennen. Grundsätzlich werden sie von allen Teammitgliedern durchlaufen. Dabei ist es irrelevant wie lange ein Team schon zusammenarbeitet oder wie groß es ist. Prinzipiell entwickelt sich ein Team aus einer Zusammensetzung von Individuen zu einem erfolgreichen und effektiven Team.

5.1.1. Gründungsphase: Forming

Diese Phase wird auch als Anfangsphase bezeichnet. Das Team entsteht neu und lernt sich und ihre Rolle im Team kennen. Die neu entstandene Gruppe ist vor allem in der ersten Zeit stark vom Teamleiter abhängig der ihnen ihre Teilaufgaben, Regeln und Arbeitsmethoden zuteilt. Auch werden Informationen ausgetauscht und gemeinsame Ziele formuliert. [9]

5.1.2. Streitphase: Storming

Eines der wichtigsten Phasen in der Teamentwicklung ist die Storming-Phase. Diese entscheidet über Erfolg oder Misserfolg des Teams. Konflikte und Turbolenzen treten zwischen den einzelnen Mitgliedern auf und die Konkurrenz zwischen den Mitgliedern wird deutlich. Untereinander wird um Machtpositionen gekämpft, Meinungen werden beharrlich vertreten sowie persönliche Differenzen treten unter den Teammitgliedern auf. Die von dem

---

9 Stahl Eberhard (2012). Dynamik in Gruppen – Handbuch der Gruppenleitung. Seite 82ff.

Teamleiter eingesetzten Methoden ebenso wie die formelle Kontrolle werden ablehnt oder diskutiert. [10]

5.1.3. Vertragsphase: Norming

Das Team hat sich zusammengefügt und Verhaltensnormen sind klar definiert. Somit ist aus dem Ich-Gefühl ein Wir-Gefühl sowie Zusammenhalt entstanden. Somit beginnt nun die eigentliche Teamarbeit. Kooperation entsteht durch den offenen Austausch von Gedanken, Daten und Ideen. Auftretende Konflikte sollten nicht außer Acht gelassen werden, da diese einer erfolgreichen Arbeit im Weg stehen könnten. Ebenfalls hat sich der Widerstand gegen den Projektleiter und dessen Führungsautorität gelegt. [11]

5.1.4. Arbeitsphase: Performing

Das entstandene und geformte Team ist durch starke Teamkohäsion zu Höchstleistungen in der Lage und ist optimal für die Aufgabenerfüllung vorbereitet. Konflikte sind weitgehend gelöst oder werden in Feedbackmeetings diskutiert und gelöst. Das Team ist weitgehend selbstständig und die einzelnen Rollen der Teammitglieder klar formuliert. Im Vordergrund steht die erfolgreiche Aufgabenbearbeitung und Zielerfüllung. [12]

5.2. Begünstigende Faktoren der Teamentwicklung

Ob sich ein Team zum Hochleistungsteam entwickelt oder nicht hängt grundsätzlich von vielen Faktoren ab wie zum Beispiel die Teamzusammensetzung, der Ort der Teamentwicklungsmaßnahme, der zeitliche Rahmen sowie sonstige Anreizsystem. Man kann jedoch drei wesentliche Hauptpunkte herausarbeiten. Zum einen wie mutig beziehungsweise ermutigt ein Team und die einzelnen Teammitglieder sind. Zum anderen ob den Beteiligten ihre Aufgaben bis ins Detail klar und bewusst gemacht wurden und ob sie sich selbst damit identifizieren können. Der letzte Punkt ist ob die Teammitglieder sich ins Team integriert und akzeptiert fühlen oder ob sie um ihre Stellung Angst haben und Konkurrenzkampf herrscht. Somit kann man sagen, dass sich ein Team durch Transparenz, gemeinsame Ziele und gemeinsame Methoden zur Zielerreichung zu einem Hochleistungsteam entwickeln kann. Ist dies nicht der Fall ist das Projekt entweder zum Scheitern verurteilt oder die Arbeitsleistung beschränkt sich auf ein Minimum. [13]

10 Stahl Eberhard (2012). Dynamik in Gruppen – Handbuch der Gruppenleitung. Seite 110ff.
11 Stahl Eberhard (2012). Dynamik in Gruppen – Handbuch der Gruppenleitung. Seite 140ff.
12 Stahl Eberhard (2012). Dynamik in Gruppen – Handbuch der Gruppenleitung. Seite 164ff.
13 Adademie für Führungskräfte der Wirtschaft (2002): Mythos Team auf dem Prüfstand – Teamarbeit in deutschen Unternehmen. Seite 9ff.

5.3. Hindernisse bei der Teamentwicklung

Teamarbeit ist nicht nur ein fördernder positiver Faktor sondern kann auch viele Probleme und Hindernisse mit sich bringen. Ein wichtiger Punkt ist der Widerstand der Teammitglieder im Hinblick auf Teamentwicklungsmaßnahmen. Wie auch in vielen anderen Projekten sind die einzelnen Mitglieder im Zwiespalt zwischen dem Wunsch nach Veränderung und dem Bedürfnis nach Sicherheit und Stabilität. Deshalb sollten solche Maßnahmen nicht von dem einen auf den anderen Tag initiiert werden sondern es sollte durch Vorgespräche aufgeklärt werden, die Zielvereinbarungen klar formuliert werden und problematische Themen offen und konstruktiv behandelt werden um Widerstände vorzubeugen beziehungsweise zu reduzieren.[14] Ebenso können Konflikte innerhalb den Teammitgliedern einen hemmenden Faktor auf den Teamerfolg ausüben. Dabei müssen verschiedene Arten von Konflikten unterschieden werden.

- Aufgabenbezogene Konflikte
- Prozessbezogene Konflikte
- Beziehungsbezogene Konflikte

Wichtig ist es die Ursache der Meinungsverschiedenheiten zu verstehen damit man Konflikten vermeiden und entschärfen kann. Oft helfen einfache Techniken und Regeln um vorzubeugen indem die Diskussion sachlich abläuft und der Gesprächspartner die Möglichkeit hat die andere Partei zu verstehen. [15] Andere Faktoren für Probleme bei der Teamentwicklung sind Missverständnisse, wenn die Teilnehmer aneinander vorbei reden oder nicht jeder zu Wort kommt und als Resultat damit   innerlich abgeschlossen hat. Ein ungünstiges beziehungsweise schlechtes Kommunikationsverhalten, wenn zum Beispiel jemand andauernd zu spät erscheinen oder bei Fehlern immer die Schuld bei anderen sucht, kann ebenfalls den Prozess der Teamentwicklung beeinflussen. Auch können unterschiedliche Zielvorstellungen innerhalb der Teilnehmer einen hemmenden Aspekt darstellen, da man dadurch vor unlösbaren Aufgaben steht wenn verschiedene Ansichten aufeinander treffen. [16] Somit ist es wichtig bereits zu Beginn klare Regeln und Zielsetzungen gemeinsam festzulegen damit diese Probleme nicht auftreten können.

---

14 Van Dick Rolf / West A. Michael (2005). Teamwork, Teamdiagnose, Teamentwicklung. Seite 82ff.

15 Van Dick Rolf / West A. Michael (2005). Teamwork, Teamdiagnose, Teamentwicklung. Seite 85ff.

16 Seifert Josef W. (2007). Moderation & Kommunikation – Gruppendynamik und Konfliktmanagement in moderierten Gruppen. Seite 65f.

5.4. Anwendung auf das Projekt

Für das Projekt Imagekampagne der Umweltschutzorganisation bedeutet dies, dass das Grobkonzept gemeinsam durch alle Teammitglieder erarbeitet werden sollte. Der Projektleiter sollte dabei darauf achten, dass jeder seine Meinung einbringen kann und diese auch beachtet wird. Dies ist wichtig damit nicht zu Beginn schon einzelne Teammitglieder demotiviert werden oder sich als unwichtig erachten. Anschließend sollte das Konzept des Layouts der Präsentation einheitlich festgelegt werden. Innerhalb der einzelnen zugeteilten Teilbereiche die jedes Teammitglied eigenständig betreut, sollte in enger Abstimmung mit den anderen Beteiligten gearbeitet werden. Abschließend sollten die einzelnen Teile durch den Projektleiter zusammengefügt werden. Die Präsentation erfolgt dann gemeinsam, dadurch kann jedes Teammitglied seinen Anteil zum Gesamtergebnis beitragen und auch herausstellen.

6. Fazit

Zusammenfassend kann man sagen, dass Teamarbeit und Teamentwicklung wesentliche Faktoren für den Erfolg einer Unternehmung darstellen. Teamentwicklung ist ein sehr komplexer Vorgang und man benötigt umfangreiches Fachwissen um diese Prozesse adäquat meistern zu können. Trotzdem sollte nicht nur die Leistung des Teams als Ganzes gesehen werden sondern auch die individuellen Beiträge der einzelnen Teammitglieder geschätzt und anerkannt werden. Ansonsten kann dies schnell zu einer Demotivierung der einzelnen Gruppenmitglieder führen mit der Folge der Verschlechterung des Gesamtergebnisses. Denn ein Team ist nur so gut wie die einzelnen Mitglieder darin. Aus diesem Grund sollte besonders der Teamleiter darauf achten die Leistungen jedes einzelnen hervorzuheben und gezielt zu fördern. Denn im Team können auf lange Zeit gesehen höhere Ziele erreicht werden das zum Vorteil eines Unternehmens führt.

Literaturverzeichnis

7.1. Buchquellen

Akademie für Führungskräfte der Wirtschaft (2002): Mythos Team auf dem Prüfstand – Teamarbeit in deutschen Unternehmen. Überlingen.

Bohinc Thomas (2011). Grundlagen des Projektmanagements – Methoden, Techniken und Tools für Projektleiter. 2. Auflage. Offenbach: Gabal Verlag.

Hansel Jürgen / Lomnitz Gero (2003). Projektleiterpraxis. 4. Auflage. Heidelberg: Springer Verlag.

Kellner Hedwig (2003). Projektmeetings – professionell und effizient. München: Carl Hanser Verlag.

Niermeyer Rainer (2012). Teams führen. 1. Auflage. Freiburg: Haufe-Lexware GmbH.

Seifert Josef W. (2007). Moderation & Kommunikation – Gruppendynamik und Konfliktmanagement in moderierten Gruppen. 6. Auflage. Offenbach: Gabal Verlag.

Stahl Eberhard (2012). Dynamik in Gruppen – Handbuch der Gruppenleitung. 3. Auflage. Weinheim: Beltz Verlag.

Van Dick Rolf / West Michael A. (2005). Teamwork, Teamdiagnose, Teamentwicklung. Göttingen: Hogrefe Verlag.

7.2. Internetquellen:

http://leistungsteam.de/voraussetzung%20teamarbeit.htm
Abrufdatum: 21.06.2012

http://www.4managers.de/management/themen/teamrollen/
Abrufdatum: 21.06.2012